Gesammelt von Thomas Kupfermann
Mit Cartoons von Mario Lars

DAMALS
IN DER DDR

EULENSPIEGEL

INHALT

DIE PARTEI HAT IMMER RECHT
DIE FÜNFZIGER JAHRE

Wie war das damals, als galt: »Wo ein Genosse ist, ist die Partei«? Und auch: »Die Partei, die Partei, die hat immer recht«? Jedenfalls sagte die Partei: »Deutsche an einen Tisch!« Jenseits der Demarkationslinie aber sagte Adenauer: »Lieber das halbe Deutschland ganz als das ganze halb.« Und daraufhin sagte die Partei, alle Kraft voraus zum historischen Sieg über den »sterbenden, faulenden, parasitären Kapitalismus«. Von nun an wurde planmäßig der Sozialismus aufgebaut. Während drüben das Wirtschaftswunder noch in den Kinderschuhen steckte, arbeitete man hierzulande nach einem Fünfjahrplan. Und schaffte ein eigenes Wirtschaftswunder. Die einen wirtschafteten, die anderen wunderten sich. Als die Frage laut wurde, ob es denn gut sei, wenn es nur eine führende Partei gibt, lag die Antwort auf der Hand: Stell dir mal das Chaos vor, wenn es mehrere führende Parteien gäbe. Im Juli 1951 wurden die Arbeitsämter abgeschafft. Es gab genug Arbeit – und Ämter auch. Mit dem Plan erblickte eine neue Berufsgruppe das Licht der sozialistischen Welt, die in den folgenden vier Jahrzehnten wichtige Schlüsselpositionen besetzt: die Bilanz-Friseure. Plan lesen – Ziel verfehlen – Bilanz frisieren. 17 Millionen Hiergebliebene wussten dies und nahmen es hin, denn es geschah zu ihrem Wohl. Über allem wachte Väterchen Stalin. Aber nicht mehr lange … Drei Jahre nach seinem Tod rechnete Nikita Chruschtschow mit ihm ab und erklärte: Stalin ist kein Klassiker des Marxismus mehr. Schon warens' nur noch drei, unter deren wachsamen Blicken es weiterging mit dem Sozialismus – Vorwärts zum zweiten Fünfjahrplan … zur Erfüllung des ersten. Der Arbeitsplatz war ein Kampfplatz für den Frieden, und der Werktätige sagte: Meine Hand für mein Produkt. Aber er lebte nicht von der Hand in den Mund. Das hatte ihm die Partei, die führende, erklärt: »Wie wir heute arbeiten, so werden wir morgen leben.« Worte wie Mangelwirtschaft drückte uns der Klassengegner auf. Wir hatten keinen Mangel – an Witzen. Der Witz über den Unterschied von Theorie und Praxis, zum Beispiel, war so alt wie der Staat selbst. Die Antwort zog der DDR-Bürger aus der Tasche: »Theorie ist, wenn man alles weiß und nichts funktioniert. Praxis ist, wenn alles funktioniert und keiner weiß, warum.« Zu Witzen allerdings hatte die führende Partei ein gestörtes Verhältnis. Weswegen wiederum jeder diesen hier kannte: »Stehen zwei am Tresen. Fragt der eine: ›Kennst du den Unterschied zwischen Bier und Walter Ulbricht?‹ – ›Ja, Bier ist flüssig und Ulbricht ist überflüssig.‹ – ›Kennst du auch den Unterschied zwischen dir und dem Tresen?‹ – ›Nein, den kenne ich nicht.‹ – ›Der Tresen bleibt stehen, und du kommst nach Bautzen.‹ Nach zwei Jahren treffen sich die beiden wieder. Fragt der eine wieder: ›Kennst du den Unterschied zwischen einem Schwein und Walter Ulbricht?‹ Der andere, klüger geworden, sagt: ›Ich kenne keine Unterschiede mehr.‹«

+++ Juni 1951: Erstes Handelsabkommen mit der Sowjetunion +++

»Stell dir mal vor, die DDR hat 50 000 Paar Schuhe aus der Sowjetunion bekommen!« – »Das ist aber eine großzügige Hilfe!« – »… zum Besohlen!«

+++ Juli 1952: Die II. SED-Parteikonferenz beschließt die „planmäßige Errichtung der Grundlagen des Sozialismus" +++

Während einer Rede sieht Ulbricht in der ersten Reihe eine alte Frau mit Tränen in den Augen. »Mütterchen«, fragt er nach seinem Auftritt, »warum haben Sie denn so geweint?« – »Ach«, sagt die Frau schon wieder schluchzend, »wenn ich Sie sehe, muss ich immer an meine arme Ziege denken, die mir die Russen weggenommen haben.«

+++ März 1953: 73-jährig stirbt Josef Stalin in Moskau +++

Als Stalin im Jenseits Zar Nikolai trifft, fragt ihn dieser: »Wie ist es denn jetzt in Russland?« – »Sehr gut ist es!«, antwortet Stalin. »Wirklich? Gibt es denn noch Sibirien?« – »Gibt es.« – »Gibt es auch noch die Ochrana?« – »Heißt jetzt etwas anders, aber gibt es.« — »Gibt es auch noch Wodka?« – »Natürlich.« – »Wirklich? Sechzigprozentigen?« – »Nein, bei uns gibt es vierzigprozentigen.« – »Ach so … Aber sag mal, wegen dieser 20 Prozent musstet ihr eine Revolution machen?«

+++ Juni 1953: Der Streik gegen die
Normerhöhung in Ostberlin weitet sich
aus: Über 167 Städte wird der Ausnahme-
zustand verhängt +++

Frage: Warum haben die sowjetischen Truppen am 17. Juni
interveniert und auf die Arbeiter geschossen? – Weil wir
uns in unsere eigenen Angelegenheiten eingemischt haben.

+++ April 1954: Die SED gibt sich ein
neues Parteistatut +++

Was ist ein Meinungsaustausch? – Wenn du mit deiner
Meinung zum Parteisekretär gehst und mit seiner wieder
herauskommst.

Der Dozent fragt nach dem Unterschied zwischen Sozialismus und Kommunismus. Der Student: »Wie schon
Brecht sagte, der Kommunismus ist das Einfache, was
schwer zu machen ist.« Der Dozent: »Und wie ist das mit
dem Sozialismus?« Der Student denkt nach, dann sagt er:
»Sozialismus ist das Schwere, was einfach nicht zu machen ist.«

Der Lehrer fragt: »Wie lautet der wesentliche Grundsatz des Sozialismus?« Paulchen antwortet: »Arbeite mit,
plane mit, regiere mit!« – »Ja«, sagt der Lehrer, »das ist
auch einer unserer Grundsätze, aber dafür bekommst du
nur eine Zwei. Denn unser wichtigster Grundsatz ist: Im
Mittelpunkt steht der Mensch.« Meldet sich Fritzchen:
»Krieg ich eine Eins, wenn ich den Namen weiß?«

Wilhelm Pieck und Otto Grotewohl besuchen den Kirchentag. »Was können wir denn für ein Lied singen?«, fragt Pieck. »Vielleicht ›Ein feste Burg ist unser Gott …‹«, schlägt Grotewohl vor. »Nein, das können wir nicht, wir glauben doch nicht an Gott.« – »Na, dann lass uns doch mit der zweiten Strophe beginnen: ›Mit unsrer Macht ist nichts getan, wir sind gar bald verloren …‹«

Beschwert sich ein Löwe im Berliner Tierpark beim Wärter, warum er immer nur Äpfel und ab und zu mal eine Banane zu fressen bekommt. Der Löwe im Nebenkäfig erhält jeden Tag Fleisch. Der Wärter verspricht, sich beim Tierparkdirektor zu erkundigen. Er kommt zurück zum Löwen: »Das hat schon seine Richtigkeit. Du sitzt auf der Planstelle eines Affen.«

Ein Reporter fragt den Bestarbeiter: »Wie lange arbeiten Sie schon im VEB?« – »Fünf Jahre«, antwortet der. »Moment mal, so lange gibt es doch noch gar keine volkseigenen Betriebe?« Der Arbeiter zuckt die Schultern: »Überstunden, viele Überstunden.«

+++ 1955: Das bis 1990 gültige Staats-
wappen der DDR wird eingeführt, ab 1959
ist es Bestandteil der Staatsflagge +++

Ein Lehrer erklärt den Schülern das DDR-Staatswappen, in dem die Berufe aller Bürger symbolisch dargestellt sind – die Ähren für die Landwirtschaft, der Hammer für die Arbeiter und der Zirkel für die Intelligenz. Fritzchen protestiert: »Mein Vater kommt aber darin nicht vor, er ist Parteisekretär!« – »Doch, doch«, erwidert der Lehrer, »sieh genau hin: Beim Zirkel werden die beiden Schenkel durch eine kleine Niete zusammengehalten ...«

Opa Anton steht mit einer amerikanischen Fahne an der Grenze und winkt. Stellt ihn ein Grenzer zur Rede: »Opa, was machst du denn hier mit der amerikanischen Fahne?« – »Ich warte auf die Amerikaner.« – »Aber Opa, jetzt, im Jahr 1954? Das geht doch nicht. Im Übrigen scheinst du ja dein Fähnchen in den Wind zu hängen. Ich erinnere mich gut, dass du 1945 mit der roten Fahne in Berlin gestanden hast und auf die Russen gewartet hast!« – »Na und, sind sie nicht gekommen!?«

+++ August 1957: Nikita Chruschtschow
besucht mit Walter Ulbricht die Agra in
Markkleeberg +++

Anfrage an den Sender Jerewan: Stimmt es, dass in der Sowjetunion der Mais so hoch wie Telegrafenmäste wächst? Antwort: Im Prinzip ja, nur nicht so hoch, sondern so weit auseinander.

+++ November 1957: Erich Mielke wird Staatssicherheitsminister +++

Ein junger Mann des Staatssicherheitsdienstes erhält seinen ersten Probeauftrag, in eine hohe Funktionärsversammlung soll sich ein westlicher Spion eingeschlichen haben. Das Referat Ulbrichts dauert zwei, drei, vier Stunden. Plötzlich springt der junge Geheimdienstler auf und stürzt sich auf einen Mann – der dann auch zugibt, der gesuchte Spion zu sein. Staatssicherheitsminister Mielke gratuliert und fragt erstaunt nach der Methode. »Ich dachte an das bekannte Lenin-Wort: Der Klassenfeind schläft nie!«

+++ März 1958: Gründung der ersten Dorf-akademie in Hagelberg +++

Anfrage an den Sender Jerewan: Kann ein Analphabet Mitglied einer Akademie werden? Antwort: Im Prinzip ja, aber kein korrespondierendes.

+++ Mai 1958: Aufhebung der Rationierung von Lebensmitteln +++

Grotewohl gibt einem westdeutschen Reporter ein Interview. Er schließt mit der Bemerkung, es gehe weiter voran. Der Reporter: »Entschuldigen Sie, gerade hat das Ministerium für Handel und Versorgung eine neue Lebensmittelverknappung für den Sommer angekündigt.« – »Na und«, sagt Grotewohl, »vor einem Jahr hätten wir sie nicht mal angekündigt.«

+++ Juli 1958: der V. Parteitag benennt als Kernstück der „ökonomischen Hauptaufgabe" das Chemieprogramm und erklärt, die Bundesrepublik Deutschland im Pro-Kopf-Verbrauch an Lebensmitteln und Konsumgütern zu überholen +++

Die Leuna-Werke tragen den Ehrennamen »Walter Ulbricht«. Auf einer Festveranstaltung hält er eine Rede. »Das Werk gehört im Sozialismus dem Volk, also euch, dir und mir! So sind wir jetzt alle Fabrikbesitzer, arbeiten nicht mehr für die kapitalistischen Ausbeuter, sondern für uns selbst, ja!« Am nächsten Morgen ertönt im Arbeiterzug zur Frühschicht die Durchsage: »Nächste Haltestelle Spitzbarthausen! Alle Fabrikbesitzer aussteigen!«

Was macht ein Aal in der Saale?
Er lernt Chemiefacharbeiter.

+++ Januar 1959: Beschluss über die Einführung der zehnklassigen allgemeinbildenden polytechnischen Oberschule +++

Wann sagte Lenin: lernen, lernen und nochmals lernen?
Als er Walter Ulbrichts Schulzeugnis sah.

Schulaufsatzthema ist das Schwein. Fritzchen schreibt: »Aus Ferkeln werden Schweine, und in der Stadt werden sie gefressen.« Der Lehrer meint, dass man nicht gefressen sagt. Fritzchen korrigiert und liest vor: »Aus Ferkeln werden Schweine, und in der Stadt werden sie genossen.«

14

Ein LPG-Vorsitzender liest seinem Schweinemeister die Leviten: »Also, Kollege, wenn das Ferkelsterben nicht aufhört, raucht's im Karton. Früher im Kapitalismus waren deine Schweine gesund und fett. Hast du eine Entschuldigung?« Der Meister: »Nein, aber eine Erklärung.« – »Und?«, fragt der Vorsitzende. »Vielleicht Selbstmord?«

Anfrage des Landwirtschaftsministers an eine LPG. »Genossen, könnt ihr die Milchproduktion um 10 Prozent steigern?« – »Kein Problem!« Nach einer Woche erfolgt wieder ein Anruf: »Genossen, könnt ihr die Milchproduktion um 10 Prozent steigern?« – »Kein Problem!« Nach einer weiteren Woche ruft der Landwirtschaftsminister erneut an: »Genossen, könnt ihr die Milchproduktion noch um weitere 10 Prozent steigern?« – »Wir können auch das, aber da wird die Milch schon ganz schön dünn.«

Walter Ulbricht besucht eine LPG. Die Bauern diskutieren, ob künftig dem Anbau von Früh- oder Spätkartoffeln der Vorzug gegeben werden soll. Nach einer Weile greift Ulbricht ein: »Nu hört mal, liebe Genossinnen und Genossen, wir brauchen weder früh Kartoffeln noch spät, sondern in erster Linie welche mittags auf den Tisch.«

WO WIR SIND, IST VORN
DIE SECHZIGER JAHRE

Die sechziger Jahre wurden mit einem Knall eröffnet: In der UNO knallte es. Nikita Chruschtschow knallte seinen Schuh auf den Tisch. – In der DDR starb 1960 Staatspräsident Wilhelm Pieck, und mit ihm kam das Amt abhanden. Von nun an hatte das Land einen Staatsratsvorsitzenden. Walter Ulbricht war jetzt der erste Mann im Staat und der erste Mann in der Partei. Das Volk fand Schutz hinter einem antifaschistischen Schutzwall und ernährte sich von der Wurst am Stängel, während man im Westen zur HB, diesem schädlichen Glimmstängel, griff. Wir hingegen forderten gesundheitsbewusst, ein Ei mehr zu nehmen! Nicht nur die NÖSPL, also die Einführung des Neuen ökonomischen Systems der Planung und Leitung, erschütterte die Welt. Nein, auch unser Chemieprogramm – »Chemie gibt Brot, Wohlstand, Schönheit« – war von historischer Bedeutung. Sein Dunstschleier zog von Bitterfeld nach Leuna und vernebelte dem Klassenfeind die Sicht. Wir waren überzeugt, dass selbst Amerika bald sozialistisch werden würde, auch wenn wir uns fragten, ob wir es schaffen würden, noch eine zweite Großmacht zu ernähren. Es ging »Vorwärts immer, rückwärts nimmer« und meistens hoch her … Höher, schneller, weiter im Sport … jeden Tag »höhere Arbeitsleistungen« … die »Höhen der Kultur« erstürmen … die »weitere Erhöhung des Lebensstandards« … und hoch die Tassen! Die sozialistische Menschengemeinschaft war fröhlich auf dem Weg »Vom Ich zum Wir«. Dazu sollte die passende Begleitmusik gespielt und keinesfalls die Monotonie des »yeah, yeah, yeah« kopiert werden. Unser großer Bruder schickte Juri Gagarin ins All, was die Amerikaner ärgerte, weil sie gern die Ersten gewesen wären, und dann besuchte Gagarin die DDR, weswegen alle Kinder, sofern sie nicht »Täve« nacheiferten, Kosmonaut werden wollten. Den Kubanern schickte unser großer Bruder Atomraketen, und schon wieder ärgerten sich die Amerikaner, obwohl sie genügend von dem Zeug in Europa rumstehen hatten. Geradezu raketenschnell fuhr auch der neue Trabant und hieß jetzt »Trabant 601« – was bedeutete, 600 bestellten ihn und einer bekam ihn. Jede Frau aber konnte ab 1965 kostenlos die Pille bekommen. Sozialismus war allerdings besser als Sex. Denn da konnte man länger stöhnen. Das waren die Dinge, die hier im Raum und in den Rinderoffenställen standen, denn bei uns stand der Mensch im Mittelpunkt. Daran ließen selbst unsere Witze keinen Zweifel: »Ein US-Bankier ist beim DDR-Finanzminister eingeladen und sieht im Hof des Ministeriums große Mengen Gold rumliegen. Erstaunt sagt der Amerikaner zum Gastgeber: ›In meiner Heimat ist Gold ein sehr kostbares Gut. Es befindet sich in der Mitte von Fort Knox, ist umgeben mit einer fast unüberwindlichen Betonmauer, von Wachtürmen, Minen und Stacheldraht und wird von Hunden und Soldaten bewacht!‹ – ›Sehen Sie‹, antwortet der DDR-Minister, ›das ist eben der Unterschied zwischen ihrem System und unserem. Bei uns steht der Mensch im Mittelpunkt!‹«

+++ März 1960: Erste Sendung „Der schwarze Kanal" +++

Karl-Eduard von Schnitzler geht über die Straße. Kommt ihm ein Mann entgegen und sagt: »Guten Tag, Herr von Schnitz!« Darauf Schnitzler: »Aber ich heiße doch Schnitzler und nicht Schnitz!« Darauf der Mann: »Tut mir leid, länger habe ich Ihre Sendung noch nie gesehen.«

+++ April 1960: Im neuen Rostocker Überseehafen legt der erste Frachter an +++

Ein Mann fragt an der Mole in Rostock die Seeleute: »Wo fahrt ihr hin?« – »Nach Kuba.« – »Was bringt ihr hin?« – »Maschinen.« – »Womit kommt ihr zurück?« – »Mit Apfelsinen.« Zweites Schiff: »Wo fahrt ihr hin?« – »Nach Angola.« – »Was bringt ihr hin?« – »Maschinen.« – »Womit kommt ihr zurück?« – »Mit Bananen.« Drittes Schiff: »Wo fahrt ihr hin?« – »In die Sowjetunion.« – »Was bringt ihr hin?« – »Apfelsinen und Bananen.« – »Womit kommt ihr zurück?« – »Wie immer. Mit dem Zug.«

+++ September 1960: Präsident Wilhelm Pieck stirbt +++

Ein Altes Mütterchen wendet sich in Ostberlin an einen Volkspolizisten: »Entschuldigen Sie bitte, wo ist denn das Kaufhaus Prinzip?« Der wundert sich und meint: »So ein Kaufhaus gibt es hier gar nicht.« Darauf sie: »Das muss es aber geben. Unser Präsident Wilhelm Pieck hat gesagt, dass es im Prinzip alles zu kaufen gibt.«

+++ Oktober 1960: Eröffnung des neuerbauten Opernhauses in Leipzig +++

Frau Grotewohl ruft Lotte Ulbricht an. »Du, Lotte,
kommste mit, wir gehn zu Figaros Hochzeit?« – »Ach
nein, ich kenn die Leute doch gar nicht!«

+++ August 1961: Bau der Mauer +++

Die Autobahn Berlin–Rostock wird nun doch nicht gebaut. Die Betonteile sind erst mal um Berlin herum zum
Trocknen aufgehängt worden.

Treffen sich zwei Maulwürfe an der Mauer. »Los«, sagt der
eine zum anderen, »so wie wir heute arbeiten, werden wir
morgen leben.«

Fragt ein Mann einen anderen: »Was würdest du tun,
wenn die Mauer ein Loch hätte?« – »Na was wohl, hinten
anstellen.«

Ochse, Huhn und Pferd stehen an der Mauer und über-
legen, ob sie abhauen sollen. »Ich bleibe«, sagt das Huhn,
»hier sind die Eier billiger.« Das Pferd meint: »Ich bleibe.
Hier geht es dauernd bergab, das ist für mich leichter.« –
»Ja, meint ihr denn, ich gehe in den Westen?«, sagt der
Ochse. »Dort bleibe ich ein Ochse, und hier kann ich Parteisekretär werden.«

+++ Dezember 1961: In einem Interview mit der Prawda beziffert Ulbricht den volkswirtschaftlichen Schaden durch Abwerbung und Flucht auf 30 Milliarden +++

Warum kostet die Prawda nur zehn Pfennige und das Neue Deutschland 15 Pfennige? – Beim Neuen Deutschland kommen noch die Übersetzungskosten dazu.

+++ Januar 1962: „Gesetz über die allgemeine Wehrpflicht" +++

Hannibal, Lord Nelson und Napoleon besuchen die NVA. Der begleitende General fragt, was sie sich von den Dingen, die sie gesehen haben, am meisten wünschen würden. Hannibal: »Die Panzer – das wäre besser gewesen als mit meinen Elefanten.« Lord Nelson: »Die U-Boote, da hätte ich noch mehr Schlachten gewonnen!« Napoleon: »Ich hätte gerne das ›Neue Deutschland‹ – wenn ich das damals gehabt hätte, dann wüsste die Welt heute noch nicht, dass ich bei Waterloo verloren habe!«

+++ Dezember 1962: Intershop-Handelsorganisation gegründet – Einkauf für Ausländer mit konvertierbarer Währung +++

Ein britischer Gewerkschafter auf Besuch in der DDR fragt: »Wie ist das Verhältnis zwischen Arbeitern und Betriebsleitung bei euch?« – »Gut, die oben tun so, als ob sie uns bezahlen, und wir tun so, als ob wir arbeiten.«

+++ Juni 1963: Der Trabant 601 geht in Serienproduktion +++

Ein Amerikaner fährt seinen Chevrolet zu Schrott, steigt aus, schaut ihn sich an und sagt: »Fuck, einen Monat für umsonst gearbeitet.« Ein Bundesbürger fährt seinen Mercedes zu Schrott, steigt aus, schaut ihn sich an und sagt: »Mist, ein Jahr für umsonst gearbeitet.« Ein DDR-Bürger fährt seinen Trabant zu Schrott, steigt aus und jammert: »Ein ganzes Leben für umsonst gearbeitet.« Kommen die anderen beiden vorbei und sagen: »Ja, warum hast du dir auch so ein teures Autor gekauft.«

+++ Juni 1963: Abbruch des Siebenjahrplanes +++

Walter Ulbricht besucht ein Heizkraftwerk. Der Betriebsleiter führt ihn und weist auf die großen Heizkessel. »Genosse Ulbricht«, sagt er, »wir können mit Stolz behaupten, dass wir die Anlage schon zwei Jahre ohne Kesselstein fahren!« – »Nu ja, Genosse«, sagt Walter und klopft ihm beruhigend auf die Schulter: »Kopf hoch, diesen Engpass werden wir auch noch überwinden!«

+++ November 1963: US-Präsident Kennedy wird ermordet +++

Anfrage an den Sender Jerewan: Was wäre eigentlich passiert, wenn statt Kennedy Ulbricht erschossen worden wäre? – Das wissen wir auch nicht, nur eins ist sicher, Onassis hätte die Witwe bestimmt nicht geheiratet!

+++ Januar 1964: Die Ausgabe neuer Personalausweise mit dem Eintrag „Bürger der Deutschen Demokratischen Republik" beginnt +++

Ein Arzt und ein Arbeiter unterhalten sich über die Vorzüge und Nachteile der sozialen Zugehörigkeit. Arbeiter: »Du bist einerseits besser dran als ich, du verdienst mehr. Dafür darf mein Sohn studieren.« Sagt der Arzt: »Tja, dein Sohn, aber mein Enkel ….«

+++ April 1964: Das ZK gibt eine Stellungnahme gegen „die Spaltungspolitik der chinesischen Führer" ab +++

Breshnew reist nach China. Der chinesische Minister bittet um Wirtschaftshilfe. Breshnew fragt, was gebraucht wird. »Erstens«, sagt der Chinese, »100 Traktoren.« Breshnew überlegt kurz und stimmt zu. »Zweitens: 1000 Fahrräder.« Breshnew überlegt kurz und stimmt zu. »Drittens: 100 000 Tonnen Reis.« Breshnew überlegt: »Reis? Reis? – tut mir leid, der wird in der DDR nicht angebaut.«

+++ November 1964: Rentner dürfen vier Wochen im Jahr in den Westen fahren +++

Ein Rentner fährt in den Westen, als er zurückkommt, wird er gefragt: »Du, stimmt es, dass die uns wirklich zehn Jahre voraus sind?« – »Zehn Jahre voraus? Ein halbes Jahr zurück, bei denen gibt's jetzt erst Erdbeeren.«

+++ Oktober 1964: Chruschtschow verab-
schiedet die Kosmonauten der Wochod I zu
ihrem Flug; als sie zurückkommen, ist er
nicht mehr im Amt +++

Stalin hat als politisches Testament drei Briefe hinter-
lassen, die nur in auswegloser Situation geöffnet werden
sollen. Während der Kuba-Krise öffnet Chruschtschow
den ersten Brief. Darin steht: »Schiebe alles auf mich. Stalin.« Kennedy wird ermordet, er öffnet den zweiten Brief:
»Schiebe alles auf die Amerikaner.« Chruschtschow ver-
liert seine Mehrheit im Obersten Sowjet. Er öffnet den
dritten Brief: »Jetzt bist du dran, drei Briefe zu schreiben.«

+++ Oktober 1964: Einweihung des Staats-
ratsgebäudes in Berlin +++

Ulbricht hat Geburtstag. Ein Arbeiter, der gratulieren
will, stellt sein Fahrrad vor dem Staatsratsgebäude ab.
Ein Sicherheitsmann ruft ihm zu: »Sie da, das geht nicht,
Sie können Ihr Rad hier nicht abstellen, jeden Moment
wird eine sowjetische Delegation eintreffen.« Darauf der
Mann: »Kein Problem, ich habe es angeschlossen.«

+++ Februrar 1965: Auf Einladung von
Präsident Nasser reist Ulbricht nach
Ägypten +++

»Hast du schon gehört? Ulbricht ist in den Nil gefallen.«
Verwundertes Kopfschütteln. »Ja, die Leute haben geru-
fen: ›Nasser Ulbricht! Nasser Ulbricht!‹«

+++ Oktober 1965: Manöver „Oktobersturm"
der Warschauer Vertragsstaaten in Thü-
ringen +++

Welches ist der wichtigste Buchstabe des deutschen Al-
phabets? – Das »W«. Sonst hieße es nicht Warschauer
Pakt, Waffenbrüderschaft und auch nicht Walter Ulbricht.

+++ Februar 1966: Der erste DEFA-Indianer-
film mit Gojko Mitic kommt in die Kinos +++

Warum wurden in der DDR so viele Indianerfilme ge-
dreht? – Man wollte die Liebe zum roten Bruder wecken.

+++ August 1966: China ruft die „Große
Proletarische Kulturrevolution" aus +++

Mao Tse-tung und Walter Ulbricht unterhalten sich. »Wie
viele Feinde, Genosse Mao, hast du in der Volksrepublik
China?« – »Nun, es werden so etwa 17 Millionen sein.«
Ulbricht nickt. »Ja, das ist ungefähr so wie bei uns.«

+++ November 1966: In Eisenach beginnt
die Produktion des Wartburgs 353 +++

Drei Jungs unterhalten sich, wer die schnellsten Autos
baut. Der erste behauptet: auf jeden Fall die Amerikaner.
Der zweite: die Franzosen. Der dritte: die DDR. »Mein
Vater arbeitet bis halb vier und ist mit seinem Wartburg
schon jeden Tag um drei in unserem Garten.«

Die 7 Wunder der DDR: 1: In der DDR gibt es keine Arbeitslosigkeit! 2. Obwohl keiner arbeitslos ist, arbeitet nur die Hälfte. 3. Obwohl nur die Hälfte arbeitet, wird der Plan immer erfüllt. 4. Obwohl der Plan immer erfüllt wird, gibt es nichts zu kaufen. 5. Obwohl es nichts zu kaufen gibt, waren alle zufrieden. 6. Obwohl alle zufrieden waren, gab es regelmäßig Demonstrationen. 7. Obwohl regelmäßig demonstriert wurde, wurde immer mit 99,9 Prozent die alte Regierung wiedergewählt.

Ein Amerikaner und ein Russe unterhalten sich. Der Amerikaner gibt an: »Die Einkäufe macht meine Frau mit dem Ford, in die Oper fahren wir mit Cadillac, und wenn wir unsere Freunde besuchen, nehmen wir das Flugzeug.« Darauf der Russe: »Die Einkäufe macht meine Frau zu Fuß, in die Oper fahren wir mit dem Traktor, und wenn wir unsere Freunde besuchen, nehmen wir den Panzer.«

Was ist vollendeter Sozialismus? – Wenn der SED-Parteisekretär den Pfarrer fragt, ob er ihn am Sonntag trauen kann und der antwortet: »Am Sonntag hab ich keine Zeit, da muss ich zur Kampfgruppen-Übung.«

+++ Oktober 1969: Feierliche Eröffnung des Berliner Fernsehturms +++

»Was machst du, wenn der Fernsehturm umfällt?« – »Dann fahr ich mit dem Fahrstuhl in den Westen.«

+++ Oktober 1969: Mit der Einführung eines zweiten Programms des Deutschen Fernsehfunks wird erstmals in Farbe gesendet +++

Im Unterricht wird das Thema Energiesparen behandelt. Das Kind zählt auf, welche Energiesparmaßnahmen zu Hause getroffen wurden: »Heizofen, Kühlschrank auf schwach gestellt, im Korridor kein Licht, im Wohnzimmer eine 15-Watt-Birne, nur das Westfernsehen läuft Tag und Nacht auf vollen Touren. Sollen die doch sehen, wie sie mit ihrem Energieproblem fertigwerden.«

+++ Dezember 1969: Die Zeitungen sprechen vom kältesten Winter seit 1893 und Rekordminustemperaturen; es gibt „Engpässe" bei Brennstoffen und Nahrungsmitteln +++

Drei Schneeflocken kommen vom Himmel und unterhalten sich, wo sie hinfliegen wollen. Die erste: »Zum Nordpol, da ist es schön kalt, da bleibe ich lange bestehen.« Die zweite: »Zum Südpol, da ist es noch kälter, da lebe ich noch länger.« Sagt die dritte: »Ist doch langweilig, ich fliege in die DDR – ein bisschen Panik machen.«

DIE GRÖSSTE DDR DER WELT
DIE SIEBZIGER JAHRE

Es war einmal ein Land, in dem begannen die Märchen so: Dieses Jahr, Genossen, sind wir wieder ein gutes Stück vorangekommen. Die DDR machte von sich reden als dritte der großen Weltmächte mit großem U im Namen: USA, UdSSR und Unsere DDR. Die Presse beflügelte ihre Leser mit Erfolgsmeldungen der dritten Art: Hurra, im vergangenen Planjahr wurden im Bezirk Halle 2000 Babys zusätzlich geboren! Unsere Bonsais waren die größten der Welt. Die Stimmung hielt sich in Grenzen – zwischen Oder-Neiße-Friedensgrenze und Interzonengrenze, linkselbisch innerdeutsche und rechtselbisch Staatsgrenze genannt. Wir wählten nicht wie in den USA zwischen Präsidentschaftskandidaten oder wie in der Bundesrepublik zwischen Parteien, sondern zwischen acht Uhr und neun Uhr früh. Als 1971 unser Partei- und Staatschef abtrat – es blieb ihm nichts Walter Ulbricht –, hieß es nun: Erich währt am längsten. Unser Verkehrsminister konnte mit wenigen Zügen das ganze Land matt setzen. Unsere Züge wurden immer zugiger. Unsere Wagen wurden immer gewagter, allen voran unser Trabi, der startschnelle Sachsenporsche, von null auf hundert bis Sonnenuntergang. Mit dem Trabant fuhren die größten Denker! Sie dachten, sie sitzen im Auto. Die besten Straßen hatten wir leider nicht, dafür die Straße der Besten – mit überlebensgroßen Fotoporträts unserer Wettbewerbssieger. Der sozialistische Wettbewerb war sowas Ähnliches wie kapitalistischer Konkurrenzkampf, bloß ohne Kapitalismus, ohne Konkurrenz und ohne Kampf. Wir hielten uns an die Losung: Spare mit jeder Sekunde, jedem Gramm, jedem Pfennig – koste es, was es wolle! Unsere Sprache war von ausgesuchter Schönheit: Jahresendflügelfiguren schmückten unsere Weihnachtsbäume, Facharbeiter für Hohlraumtechnik kehrten unsere Schornsteine und raufutterverzehrende Großvieheinheiten standen auf unseren Wiesen. In unseren Städten konnten wir Ruinen schaffen ohne Waffen, weswegen wir 1971 ein gigantisches Wohnungsbauprogramm bekamen. Unsere Fernsehwerbung war ehrlich – »Sauerkraut ist ja sooo gesund!« – und wurde 1976 abgeschafft, denn unser Handel hatte alles. Was wir nicht brauchten. In unseren Fleischerläden hing immer noch wenigstens eine Wurst am Haken. Damit niemand nach Fliesen fragte. Wir hatten eine frei konservierbare Währung. Die DDR war global berühmt als wirtschaftsschwacher Sportgigant. Der Lieblingssport war Bobfahren: links eine Mauer, rechts eine Mauer und immer ging es bergab. Das Erstaunlichste aber war: Wir hatten eine Weltanschauung, obwohl wir uns die Welt gar nicht anschauen konnten. Wozu auch? Über Spanien lachte die Sonne, über die DDR lachte die ganze Welt. So war das mit der größten DDR der Welt.

Hermann Axen geht spazieren. Er kommt am Lenin-Denkmal vorbei und vernimmt ein Stöhnen. Verwundert schaut er Lenin an und hört ihn sagen: »Alle haben ein Pferd, nur ich muss stehen. Besorg mir ein Pferd!« Axen rennt zu Walter Ulbricht. Beide gehen zum Denkmal. Als Lenin Walter sieht, sagt er: »Hermann, du solltest mir ein Pferd bringen und keine Ziege!«

Lenin ist gestorben. Treffen sich Gott und Teufel und beraten nun, wer ihn aufnehmen soll. Nach längerem Diskutieren einigen sich die beiden, dass Lenin bei jedem eine einjährige Probezeit zu bestehen hat, bevor sie sich entscheiden. Zuerst nimmt der Teufel Lenin zu sich. Nach genau einem Jahr treffen sich Teufel und Gott wieder. Gott fragt nun den Teufel: »Na wie hat er sich denn so gemacht bei dir in der Hölle?« Der Teufel stöhnt auf: »Er hat alle kleinen Teufelchen zu jungen Pionieren gemacht.« Nun kommt Lenin zur Probezeit in den Himmel. Als das Jahr vorbei ist, erscheint der Teufel wieder an der vereinbarten Stelle. Aber kein Gott ist da. Der Teufel wartet und wartet, dann fängt er an, Gott zu suchen. Irgendwann trifft er ihn auch und sieht, wie dieser gedankenversunken auf ein Blatt Papier starrt und etwas vor sich hinmurmelt. Der Teufel sieht dem eine Weile zu und fragt schließlich ungeduldig: »Na erzähl schon, wie ist es mit Lenin gelaufen?« Darauf Gott: »Psst, sei still, ich muss mich auf unseren ersten Parteitag vorbereiten.«

+++ Juni 1970: Der erste der Olsenbande-Filme kommt in die Kinos +++

Was haben Egon Olsen und die DDR gemeinsam? Immer einen genialen Plan, doch leider umzingelt von Idioten.

+++ Juli 1970: Exportwaren werden ab jetzt nicht mehr mit „Made in Germany", sondern „Made in GDR" gekennzeichnet +++

Warum gibt es auf unseren Straßen so viele Schlaglöcher? Weil man die nicht exportieren kann!

+++ Oktober 1970: Eröffnung der ersten „HO-Gaststätte Goldbroiler" +++

In der HO-Gaststätte: »Herr Ober, das soll ein halber Broiler sein?« – »Ja, mein Herr.« – »Dann bringen Sie mir bitte die andere Hälfte.«

+++ November 1970: Als größtes Kaufhaus des Landes eröffnet das Centrum-Kaufhaus am Alexanderplatz +++

Fragt das Kind: »Du, Mutti, was sind Menschenschlangen?« – »Das sind«, antwortet die Mutter, »Menschen, die sich hintereinander anstellen, um Bananen zu kaufen.« – »Und was sind Bananen?«

+++ Mai 1971: Walter Ulbricht erklärt seinen Rücktritt +++

Walter Ulbricht ist schon entmachtet, fährt aber noch einmal nach Moskau, schlendert an der Kreml-Mauer entlang und kann das Grab von Nikita Chruschtschow nicht finden. Als er Kossygin trifft, fragt er: »Sag mal, Genosse Kossygin, wo ist denn das Grab von Nikita Chruschtschow?« Antwortet Kossygin: »Chruschtschow? Chruschtschow? Kenne ich nicht.« Ulbricht sucht Podgorny auf: »Sag mal, Genosse Podgorny, wo ist denn das Grab von Nikita Chruschtschow?« Antwortet Podgorny: »Chruschtschow? Chruschtschow? Kenne ich nicht.« – »Da werde ich mal den Genossen Breshnew fragen«, sagt Ulbricht. Podgorny warnt Breshnew vor, der ruft in Berlin an. »Genosse Honecker, hier läuft Walter Ulbricht rum und fragt andauernd nach Chruschtschows Grab. So geht das aber nicht!« Antwortet Honecker: »Ulbricht, Ulbricht? Kenne ich nicht.«

+++ Mai 1971: Erich Honeckers erste Reise als neuer Generalsekretär führt nach Moskau +++

Honecker ist zu Besuch bei Breshnew in Moskau. Der schenkt ihm einen Anzug, der wie angegossen passt. Als Honecker den Anzug in Berlin anziehen will, sind Ärmel und Hosenbeine viel zu kurz. »Da kannst du mal sehen«, sagt Margot, »wie klein du dich immer in Moskau machst.«

+++ Juni 1971: Der VIII. Parteitag legt als neuen ökonomischen Schwerpunkt die „Einheit von Wirtschafts- und Sozialpolitik" fest und beschließt ein Wohnungsbauprogramm +++

Darf ein kleiner Funktionär einen großen Funktionär kritisieren? – Ja. Aber nur einmal.

+++ Juni 1971: Der erste Krimi in der Reihe „Polizeiruf 110" wird gesendet +++

Warum gab es in der DDR keine Banküberfälle?
Weil man auf den Fluchtwagen zwölf Jahre warten musste.

+++ Oktober 1971: Das Marx-Denkmal von Lew Kerbel in Karl-Marx-Stadt wird eingeweiht +++

Karl Marx hat die Existenz zweier deutscher Staaten vorausgesehen. Der Bundesrepublik hat er »Das Kapital« vermacht, der DDR »Das Elend der Philosophie«.

+++ Oktober 1971: Erlass eines Preisstops für Konsumgüter und Dienstleistungen bis 1975 +++

Warum kostet in der Bundesrepublik ein Fahrschein zwei Mark und in der DDR 20 Pfennige?
Weil du zehnmal fahren musst, um etwas zu besorgen.

+++ April 1972: Ein zinsloser Ehekredit
wird eingeführt +++

Welche Überlegung stellt ein junges Mädchen an, wenn es
einen alten Mann heiraten will?
In den USA: Geld. *In Frankreich:* ein erfahrener Liebha-
ber. *In der Sowjetunion:* ein Kampfgefährte Lenins. *In der
DDR:* kann in den Westen fahren.

+++ März 1973: „Die Legende von Paul und
Paula" kommt in die Kinos +++

Anfrage an den Sender Jerewan: Darf im Kommunismus
der Chef mit seiner Sekretärin ins Bett gehen? Antwort:
Im Prinzip nein. Aber wenn er es tut, sind das noch Über-
bleibsel der alten sozialistischen Moral.

+++ Juli/August 1973. Weltfestspiele +++
Walter Ulbricht stirbt am 1. August +++

Das ZK telefoniert mit Petrus und bittet um gutes Wetter für die Weltfestspiele. Petrus sagt nein. Also fragen die
Genossen den Teufel. »Einverstanden«, sagt der, »ich ga-
rantiere gutes Wetter, und ihr sorgt dafür, dass ich Walter
bekomme.«

Kurz nach Ulbrichts Tod stirbt ein DDR-Bürger. An der
Himmelspforte trifft er auf drei Teufelchen. Verwundert
fragt er Petrus: »Was machen denn die Teufel hier? Ich
dachte, die sitzen in der Hölle!« – »Stimmt schon. Aber
seit Ulbricht dort unten ist, gibt es die ersten Flüchtlinge.«

Die UNO hat dazu aufgerufen, Literatur zur Erhaltung des Elefanten herauszugeben. Die Ergebnisse:
USA: »Die kommerzielle Nutzung des Elefanten« *Frankreich:* 1. Band: »Der weibliche Elefant« / 2. Band: »Der männliche Elefant« / 3. Band: »Das Liebesleben der Elefanten« *Sowjetunion:* 1. Band: »Der Elefant vor der Großen sozialistischen Oktoberrevolution« / 2. Band: »Der Elefant nach der Großen sozialistischen Oktoberrevolution« / 3. Band: »Lenin und der Elefant« / 4. Band: »Der Elefant nach dem 27. Parteitag der KPdSU« *DDR:* 1. bis 4. Band: Übersetzung der russischen Ausgabe / 5. bis 9. Band: »Auswertung sowjetischer Erfahrungen beim Studium des Elefanten« / 10. Band: »Das ökonomische Grundgesetz und der Elefant« / 11. Band: »Der sozialistische Patriotismus aus der Sicht des Elefanten« / 12. Band: »Der DDR-Elefant – ein treuer Freund und Kampfgefährte des sowjetischen Elefanten«

Die UNO hat den Weltuntergang verkündet. In den USA werden die Banken beauftragt, sämtliche Dollaranlagen an die Bürger zu verteilen. In Frankreich werden alle Rotweinvorräte kostenlos ausgeschenkt. Die DDR organisiert 3000 Maler für die Anfertigung von Plakaten: »Mit erfüllten Plänen dem Weltuntergang entgegen!«

Die DDR ist der einzige Staat der Welt, der den Mond konsequent für friedliche Zwecke nutzt. – Für welche friedlichen Zwecke denn? – Für die Straßenbeleuchtung.

+++ November 1973: Der einmillionste
Trabant läuft vom Band +++

Ein Scheich hat gehört, dass es in der DDR ein Auto gibt,
das so toll ist, dass man fünfzehn Jahre auf die Lieferung
warten muss. Er schreibt nach Zwickau, und den nächsten
Trabbi, der vom Band läuft, schickt man in das Emirat.
Eine Woche später kommt ein Schreiben vom Scheich:
»Liebe Genossen, ich freue mich über unsere begonne-
nen Handelsbeziehungen und danke Ihnen, dass Sie mir
schon ein schönes Modell aus Pappe geschickt haben …«

+++ Dezember 1973: Auch DDR-Bürger dürfen in den Intershops einkaufen +++

Was ist dort, wo ein Genosse ist? – Die Partei.
Was ist dort, wo viele Genossen sind? – Ein Intershop …

+++ Januar 1974: Das Länderschild „D“
wird durch „DDR“ ersetzt +++

Zwei Volkspolizisten halten an der Grenze einen engli-
schen Autofahrer an. Sagt der eine Polizist zum anderen:
»Karl, schreib auf, der Mann hat sein Lenkrad auf der fal-
schen Seite.« Darauf der Mann: »What do you want me
to do?« Der Polizist wieder: »Karl, schreib auf, der Mann
redet wirres Zeug.« Der Polizist geht um das Auto des
Engländers herum und sieht den Aufkleber mit »GB«.
Draufhin sagt er aufgeregt: »Karl, kannst alles streichen,
der Mann ist von der Griminal Bolizei.«

Unterhalten sich ein Amerikaner, ein Russe und ein DDR-Bürger darüber, wer die größten Wälder hat. Der Ami prahlt: »Bei uns in Amerika gibt es Wälder, wenn man da morgens reingeht, kommt man vor dem Abend nicht wieder raus!« Darauf der Russe: »Lächerlich! Wenn du bei uns in Sibirien in den Wald gehst, kommst du erst nach einer Woche am anderen Ende heraus!« – »Alles Kinderkram!«, sagt der Ostdeutsche lächelnd. »Bei uns sind die Russen 1945 in die Wälder rein und immer noch nicht wieder raus …«

+++ Januar 1975: Mit Japan wird der Bau
des internationalen Handelszentrums in
Berlin vereinbart +++

Ein Parteifunktionär lässt sich das hohe Arbeitsethos der Japaner erklären: »Die Japaner arbeiten drei Stunden für den Kaiser, drei Stunden für Japan und drei Stunden für sich.« – »Wie bei uns. Nur haben wir keinen Kaiser, und Japan geht uns nichts an.«

+++ April 1975: Die erste DDR-Baubrigade
reist an die Drushba-Trasse +++

Mitja und Peter finden bei Schachtarbeiten an der Trasse einen Goldklumpen. »Weißt du«, sagt Mitja, »wir melden das nicht, sondern teilen brüderlich.« – »Ach nein«, sagt Peter, »nicht brüderlich, sondern lieber gerecht.«

Bei einer Delegiertenkonferenz der Partei steht ein Mann
in der dritten Reihe auf und sagt: »Ich habe zwei Fragen.
Erstens: Wie teuer war der Palast der Republik? Zweitens:
Wie viele Wohnungen hätte man dafür bauen können?«
Das Präsidium überlegt, dann sagt der Vorsitzende: »Die
Frage können wir ihnen nicht gleich beantworten, warten Sie bitte bis nach der Pause.« Nach der Pause meldet
sich ein Mann aus der vierten Reihe und sagt: »Ich habe
drei Fragen. Erstens: Wie teuer war der Palast der Republik? Zweitens: Wie viele Wohnungen hätte man dafür
bauen können? Drittens: Wo ist der Mann aus der dritten
Reihe?«

Warum hat der Palast der Republik nicht nur eine Balus-
trade zum Marx-Engels-Platz, sondern auch zur Spree-
seite? – Damit Erich Honecker die Flottenparade abneh-
men kann.

Der Papst besucht die DDR: Er sieht den restaurierten
Berliner Dom und äußert sich anerkennend, sieht den Pa-
last der Republik und sagt: »Da habt ihr aber ein schönes
Pfarrhaus errichtet.«

Was ist der Unterschied zwischen Jacobs-Kaffee und Kaffee-Mix? – Jacobs ist die Krönung, Kaffee-Mix der Gipfel.

+++ November 1977: Die Wolfsburger VW-
Werke liefern 10000 VW-Golf +++

Warum wird es in der DDR nicht mehr richtig Winter?
Der Golfstrom kommt.

+++ Juli 1978: Die einmillionste Neubauwohnung wird übergeben +++

Eine Familie besichtigt die Neubauwohnung, die ihnen
zugewiesen werden soll. »Oh, wie schön«, sagt die Frau,
fließend warm Wasser, Zentralheizung, und hier, diese
schönen Einbauschränke!« Der Mann von der Kommu-
nalen Wohnungsverwaltung schüttelt den Kopf: »Das
sind keine Einbauschränke, das sind die Kinderzimmer!«

+++ August 1978: Sigmund Jähn fliegt als
erster Deutscher ins All +++

Nach seiner Rückkehr aus dem All wird Kosmonaut Sigmund Jähn von Breshnew empfangen. Der nimmt ihn
zur Seite: »Du verstehst, ich habe mich nie getraut, unsere
sowjetischen Kosmonauten zu fragen. Sag mir: Hast du
Gott gesehen?« Jähn bejaht. Breshnew nickt nachdenk-
lich. »Nun gut, aber sag's keinem weiter!« Als Sigmund
Jähn bald darauf den Papst besucht, fragt der den Kosmonauten das Gleiche. Jähn verneint. Der Papst nickt nach-
denklich. »Nun gut, aber sag's keinem weiter!« Zurück in
der Heimat, trifft Jähn Honecker. »Sigi, sag mir, hast du
Gott gesehen?« Jähn bejaht. »Und«, fragt Honecker, »sieht
er mir ein bisschen ähnlich?«

40

»In der NVA wird ein Gebirgsjägerregiment aufgebaut.« – »Was sollen die denn machen?« – »Die Engpässe bewachen.«

Die DDR-Bevölkerung besteht aus Shoppern, Exern und Flitzern: Wer über Westgeld verfügt, kauft im Intershop, wer genug Ostknete hat, kauft in Exquisit- und Delikatläden, die anderen flitzen zwischen Konsum und HO hin und her, um was Brauchbares aufzutreiben.

Ein Volkspolizist stoppt ein Auto. »Glückwunsch, Sie sind der 10 000ste Benutzer dieser Autobahn, und haben soeben 1000 Mark gewonnen … Was machen Sie jetzt damit?« – »Tja«, sagt der Mann am Steuer, »ich werde damit erst mal meinen Führerschein machen …« – »Glauben Sie ihm kein Wort«, sagt die Frau neben ihm, »er ist völlig besoffen!« Ruft die Oma vom Rücksitz: »Wusste ich's doch, dass wir mit dem geklauten Auto nicht weit kommen …« In diesem Moment kommt eine Stimme aus dem Kofferraum: »Sind wir schon im Westen?«

DER FORTSCHRITT IST HINTER UNS HER
DIE ACHTZIGER JAHRE

Die achtziger Jahre waren stark. Und zwar betroffen vom Zerfall dessen, was sich einmal DDR nannte. »Anfrage an den Sender Jerewan: Ist es üblich, in der DDR mit Devisen zu bezahlen? Antwort: Im Prinzip nein. Nur wenn Sie besondere Wünsche haben.« In der Sowjetunion tobten Glasnost und Perestroika. In der DDR tobte dagegen das Politbüro. »Würden Sie, wenn Ihr Nachbar neu tapeziert, sich verpflichtet fühlen, Ihre Wohnung ebenfalls neu zu tapezieren?« Mit diesem Spruch ging Chefideologe Kurt Hager 1987 erst als Tapeten-Kutte in die Geschichte und zwei Jahre später völlig unter. Unsere Tapetenindustrie war schon mit den alten Bahnen völlig überfordert, geschweige denn mit den neuen. Statt das Brett zum Tapezieren aufzustellen trug man es lieber vor dem Kopf. »Das ›Neue Deutschland‹ erschien mit drei neuen Seiten: Auf der ersten stand, was gemacht werden muss, auf der zweiten, wie es gemacht werden muss und auf der dritten Seite standen schwarz umrandete Kästchen. Das waren die, die es versucht hatten.« Es wurde weitergelebt im Sozialismus in den Farben der DDR: schwarz-rot-gold. Die Bürger ärgerten sich schwarz, die Funktionäre sahen rot und versprachen eine goldene Zukunft. So zirkelte man sich im Kranz der Ähren über die Zeit, bis der Hammer fiel. Aber vorher wurden noch einmal kräftig Gaben verteilt. Erich Honecker schenkte seinen Landeskindern mehr Kindergeld sowie den dreimillionsten Plattenbau und Udo Lindenberg eine Schalmei. Dieser hatte ihm zuvor bereits eine Lederjacke geschenkt. Die aber Erich nicht anzog, als ihm Helmut Kohl einen Empfang in Bonn schenkte. Franz Josef Strauß vermachte der DDR einen Milliardenkredit – vermutlich, damit sie sich noch ein Weilchen quälte. Die DDR schenkte der Welt dann noch den ersten Megabit-Chip, made in GDR. Da war der Wurm drin. Denn unsere Mikroelektronik war nicht kleinzukriegen. Kleinkriegen wollte man dagegen alle kritischen Stimmen. Im Sommer 1988 fanden noch die 22. Arbeiterfestspiele statt. Es waren die letzten. Danach stand den Werktätigen der Sinn weniger nach Musizieren, Fotografieren und Rezitieren. Sie wollten lieber diskutieren, protestieren und demonstrieren. Im November 1988 stürzte der sowjetische »Sputnik« wegen zu kritischer Äußerungen aus dem Himmel des DDR-Postzeitungsvertriebs. Hilflose Parteisekretäre begründeten in ihren Parteigruppen das Nichterscheinen damit, dass die Züge, welche die Hefte in die DDR transportieren sollten, auf sowjetischem Territorium im Schnee steckengeblieben wären. Im Schnee schon, aber in dem, den die Partei redete. Damit löste sie wieder eine Eiszeit aus. Aber der Volksmund ließ sich nicht unterkriegen: »Drei Staaten haben Interesse, die Titanic zu heben: Die USA wegen des Schmucks in den Tresoren, die UdSSR wegen des Stahls und die DDR wegen der Bord-Kapelle, die bis zum Untergang noch fröhliche Lieder gespielt hat.«

+++ Januar 1980: Das Reiterstandbild von Friedrich dem Großen wird Unter den Linden wieder aufgestellt +++

Die Genossen des Zentralkomitees diskutieren darüber, ob Friedrichs altes Denkmal wieder aufgestellt werden soll. »Ich bin dagegen«, sagt der Kulturminister, »seine historische Rolle ist umstritten. Er hat zwar in Preußen die Kartoffel anpflanzen lassen …« – »Genau«, unterbricht ihn der Minister für Versorgung, »und deswegen habe ich die Kartoffellieferungen einstellen lassen, bis dieser Punkt geklärt ist.«

+++ Mai 1980: Bei den Beisetzungsfeierlichkeiten für den jugoslawischen Präsidenten Tito trifft Honecker Bundeskanzler Helmut Schmidt +++

Breshnew, Schmidt und Honecker unterhalten sich über das Tempo der Entwicklung in ihren Ländern. Breshnew: »Bei uns in der UdSSR ist ein Traktorenwerk innerhalb von drei Monaten gebaut, dann verlassen schon die ersten Traktoren das Werk.« Schmidt: »Bei uns in der Bundesrepublik bauen wir innerhalb eines Monats ein Atomkraftwerk, dann wird bereits Energie geliefert.« Darauf Honecker: »Das ist doch gar nichts im Vergleich zum Tempo in der DDR. Als ich gestern früh von Wandlitz zum ZK fuhr, hoben Arbeiter das Fundament für eine Bierbrauerei aus. Und als ich abends nach Hause fuhr, waren die Arbeiter bereits sternhagelvoll!«

Ein DDR-Urlauber unterhält sich auf einem Zeltplatz am Balaton mit einem Ungarn. »Ich habe einen sicheren Arbeitsplatz, ein geregeltes Einkommen, fahre einen Wartburg, ich kann nicht klagen.« – »Das habe ich doch alles auch«, sagt der Ungar, »aber ich kann klagen …«

Leonid Breshnew eröffnet die Olympischen Spiele. Er setzt zu seiner Rede an und sagt: »Oh Oh Oh Oh Oh!« Sein Sekretär raunt ihm zu: »Genosse Generalsekretär, das sind die olympischen Ringe. Ihr Redemanuskript liegt hier rechts!«

Ein russisches Mütterchen beobachtet einen Soldaten mit einem Gewehr. »Sag, Söhnchen, warum trägst du ein Gewehr?« – »Das ist kein Gewehr, das ist ein Sportgerät.« – »Ach so«, sagt das Mütterchen, »dann kannst du mir sicher auch sagen, wann die Olympiade in Afghanistan vorbei ist.«

Nach den Olympischen Spielen in Moskau schickt Leonid Breshnew ein Telegramm an Erich Honecker: Glückwunsch zum ersten Platz in der Länderwertung – stopp – zu den Goldmedaillen – stopp – im Fußball – stopp – im Handball – stopp – beim Hochsprung – stopp – Erdöl stopp.

+++ März 1981: In Leipzig eröffnet das von Japanern gebaute Interhotel „Merkur" +++

Gegenüber der Baustelle vom Hotel Merkur errichtet das Baukombinat Leipzig einen Wohnblock. Jeden Morgen bei Baubeginn verbeugen sich die Japaner zu den deutschen Bauarbeitern. Dem Oberbauleiter wird das nach einigen Tagen unheimlich, er schickt den Bauleiter zu den Japanern, um den Grund zu erfragen. Der kommt zurück mit der Nachricht: »Die Japaner möchten sich entschuldigen, dass sie den Bummelstreik nicht mitmachen.«

+++ Mai 1981: Mit Japan wird die Lieferung von 10000 PKW Typ Mazda in die DDR vereinbart +++

Das Feinmechanik-Kombinat hat einen so dünnen Draht entwickelt, dass er mit den eigenen Messgeräten nicht gemessen werden kann. Der Kombinatsleiter sendet den Draht nach Japan. Nach einiger Zeit kommt das Päckchen zurück, in einer Tüte der Draht, beiliegend ein Brief: »Leider ist uns der Brief zu Ihrem Päckchen abhanden gekommen. Wir wussten nicht, was wir mit der Lieferung anfangen sollten. Wir haben Ihnen deshalb als Service ein Außen- und Innengewinde am Draht angebracht.«

+++ Oktober 1981: Einweihung des neuerbauten Gewandhauses in Leipzig +++

Was ist ein Quartett? – Ein DDR-Symphonieorchester nach einer Konzertreise durch Westeuropa.

+++ Februar 1982: „In dringenden Famili-
enangelegenheiten" dürfen zukünftig auch
DDR-Bürger außerhalb des Rentenalters in
den Westen reisen +++

Honecker besucht seine alte Mutter im Saarland. Mutter:
»Na sag mal, Erich, was machst du denn jetzt? Bist du
noch Dachdecker?« – »Nein«, antwortet Honecker, »ich
bin Staatsratsvorsitzender.« Seine Mutter fragt: »Staatsratsvorsitzender? Was ist denn das?« Honecker sucht
nach Worten. »Ach Mutti, das ist … das ist sowas Ähnliches wie Kaiser.« Die Mutti ganz entzückt: »Kaiser, das ist
ja wunderbar! Wo bist du denn Kaiser?« Honecker stolz:
»In der DDR!« Darauf die Mutter entsetzt: »In der DDR?
Oh, mein Junge, dann pass bloß auf, dass dir die Kommu-
nisten nicht alles wegnehmen!«

Eine Frau reist in den Westen. Als sie zurückkommt, fragen ihre Kollegen: »Na, wie war es denn im Westen?« –
»Ach, genau wie bei uns: für Westgeld kriegste alles!«

+++ Juni 1982: Das 23-stöckige Hochhaus
der Charité wird eingeweiht +++

Honecker liegt im Krankenhaus, um sein Bett ist die
ganze Regierung versammelt. »Ist Staatssicherheitsminister Mielke hier, ist Verteidigungsminister Kessler
anwesend?«, fragt er mit schwacher Stimme, »sind alle
hier?« – »Jawohl«, kommt es im Chor. Da richtet sich Honecker plötzlich auf und fragt zitternd: »Und wer passt
inzwischen auf das Volk auf?«

Honecker bittet Helmut Schmidt, für ihn die Urlaubsvertretung zu übernehmen. Der fragt, ob es Probleme gibt, die er in dieser Zeit lösen kann. Honecker nennt erstens das Versorgungsproblem, zweitens das Wohnungsproblem und drittens: »Es gehen noch zu viele Genossen in die Kirche.« Nach drei Wochen kehrt Honecker zurück und fragt Schmidt, wie es gelaufen ist: »Das war ganz leicht. Versorgungsproblem gelöst – Ostgrenze geschlossen. Wohnungsproblem gelöst – Westgrenze geöffnet.« – »Und das Kirchenproblem?«, fragt Honecker. »Ebenfalls gelöst. Ich habe in allen Kirchen dein Bild aufhängen lassen, seitdem lässt sich dort keiner mehr blicken.«

Honecker hat seinen Staatsbesuch bei Breshnew beendet und fährt zum Flugplatz. Plötzlich lässt er die Eskorte anhalten, steigt aus, geht auf den Acker, sammelt ein paar Steine auf, steigt wieder ein und lässt weiterfahren. Nach wenigen hundert Metern dasselbe Spiel. Dem Eskortenführer wird die Sache unheimlich. Als Honecker nach weiteren 200 Metern das ganze Spiel wiederholt, meldet er es über Funk seiner Zentrale. Zwei Minuten später kommt der Befehl: »Konvoi sofort umkehren!« – »Warum denn das?«, fragt er. – »Honecker wurde versehentlich das Programm für LUNOCHOD eingelegt.«

+++ Juni 1983: Die Bundesregierung über-
nimmt die Bürgschaft für einen von Franz
Josef Strauß vermittelten 950-Millionen-
Bankenkredit an die DDR +++

Als Günter Mittag Franz Josef Strauß trifft, fragt er: »Können Sie mir auch so ein schickes Auto besorgen, wie Sie
selber fahren?« Jovial sagt Strauß: »Klar, das geht seinen
sozialistischen Gang.« Darauf Mittag: »Ach nein, das dauert mir zu lange.«

Warum fuhr Egon Krenz nicht zu den Olympischen Spielen in Sarajewo?
Weil dort schon einmal ein Kronprinz erschossen wurde.

Der neue sowjetische Parteichef Tschernenko will sich
Autorität im Obersten Sowjet verschaffen und hält eine
Rede gegen Disziplinlosigkeit. Fragt ein Genosse, wer
denn Anlass zu solcher Rüge gegeben habe. Darauf
Tschernenko: »Ja, hast du denn nicht mitbekommen, dass
Breshnew und Andropow schon monatelang unentschul-
digt fehlen?«

Drei Rentner unterhalten sich, wie sie ihre Tage verbringen. »Ich schlafe bis zum Nachmittag, dann kaufe ich eine Flasche Pernod und gehe zu meiner Geliebten«, sagt der Franzose. »Und ich stehe früh auf«, sagt der Schotte, »dann kaufe ich eine Flasche Whisky und gehe Lachse angeln.« – »Ich stehe auch früh auf«, sagt der Rentner aus der DDR, »nehme meine Herztropfen, und dann gehe ich zur Arbeit!«

Ist es wahr, dass man jetzt legal über Prag ausreisen darf? Mitnichten, mitnichten …

Ein Mann ist in den Westen ausgereist. Er geht in den Laden und verlangt eine Schachtel F 6. »Ham wa nicht«, sagt die Verkäuferin. »O Gott, geht das schon wieder los!«

Ein Kaninchen hoppelt über die Grenze in den Westen. Mit der Begründung, in der DDR würden alle Elefanten verfolgt, beantragt es politisches Asyl. »Aber du bist doch gar kein Elefant!« – »Das weiß ich auch, aber machen Sie das mal der Stasi klar …«

+++ Februar 1985: Das Ministerium für Staatssicherheit wird für „vorbildliche Pflichterfüllung im Interesse des ganzen werktätigen Volkes" mit dem Karl-Marx-Orden ausgezeichnet +++

Verhör bei der Stasi: »Genosse – Sie waren jetzt drei Wochen schon nicht mehr bei den Parteitreffen.« Genosse: »Ja … ich hatte viel zu tun.« Stasi: »Aber Sie sind letzten Sonntag in der Kirche gesehen worden.« Genosse: »Hmm, ja, da musste ich …« Stasi: »Und Sie wurden auch gesehen, als Sie Geld in den Klingelbeutel getan haben. Aber Ihren letzten Parteibeitrag haben Sie noch nicht bezahlt!« Genosse: »Naja, den bezahle ich natürlich noch.« Stasi: »Sie wurden auch gesehen, als Sie vor Jesus knieten und ihm die Füße küssten. Sagen Sie, würden Sie das mit unserem Staatsratsvorsitzenden auch machen?« Genosse: »Naja … also wenn er da so hängen würde …«

+++ März 1985: Michail Gorbatschow wird Generalsekratär der KPdSU; im Mai legt er einen Maßnahmekatalog zum Kampf gegen Alkoholismus vor +++

Parade auf dem Roten Platz. Stalin friert und gibt seinem Adjutanten ein Zeichen, ihm eine Flasche Wodka zu reichen. Dieser gibt die Flasche an einen neben Stalin stehenden Jungen Pionier. Der schaut darauf und wirft die Flasche auf den Boden. Stalin voller Empörung: »Was erlaubst du dir? Und überhaupt, wie heißt du?« - »Michail Gorbatschow.«

+++ April 1985: Honecker auf Staatsbesuch in Italien; Audienz beim Papst +++

Anfrage an den Sender Jerewan: Stimmt es, dass Erich Honecker in Rom ein Konkordat mit dem Papst ausgehandelt hat? Antwort: Im Prinzip ja. Es wird aber noch über den ersten Satz dieser Übereinkunft verhandelt. Der Papst besteht darauf, dass er lautet: Gott hat den Menschen erschaffen. Honecker wünscht den Zusatz: Unter Anleitung der Partei.

+++ April 1986: Auf dem XI. Parteitag
der SED erklärt Gastredner Gorbatschow,
Selbstkritik sei eine Bedingung für den
Erfolg +++

Auf dem Parteitag sieht Erich im Präsidium ein unbekanntes Gesicht. Er fragt Mielke: »Wer ist das?« Mielke: »Weiß ich auch nicht, ich klär das.« Nach einer Weile kommt Mielke zurück. »Ist alles in Ordnung, wir haben das überprüft. Der Mann hat seinen Platz über Genex bezahlt.«

+++ Mai 1986: Kulturabkommen zwischen
DDR und Bundesrepublik unterzeichnet +++

Anfrage an den Sender Jerewan: Soll ich zu einer Tagung in den Westen fahren, obwohl ich die Kosten dafür selbst tragen muss? Antwort: Im Prinzip ja. Schließlich entfallen die Kosten für die Rückfahrkarte.

Treffen sich drei Hunde aus der glorreichen Sowjetunion,
der tapferen Volksrepublik Polen und aus der DDR. Der
Sowjethund schwärmt: »Also bei uns läuft alles bestens,
besser als je zuvor, Brüderchen. Seit diesem Gorbatschow,
ich sag nur, Perestroika, Glasnost, da springt auf das ganze
Volk der Iskra, wie sagt man, der Funke über. Auch für
uns einfache Hunde. Wir brauchen nur noch zu bellen,
schon kriegen wir ein Stück Fleisch.« Der polnische
Hund macht große Augen: »Was, bitte, ist ›Fleisch‹?« Der
DDR-Hund schaut nach rechts, schaut nach links, noch
einmal nach rechts und flüstert: »Bitte, was ist ›Bellen‹?«

Von der Ostasienreise brachte Honecker folgende Er-
kenntnisse mit nach Hause: Erstens aus Korea, dass ein
Staatschef sich noch viel mehr feiern lassen kann. Zweitens aus China, dass man eine Mauer noch viel höher und
länger bauen kann. Und drittens aus der Mongolei: dass
man außerhalb der Hauptstadt auch in Zelten leben kann.

In Frankreich ist alles erlaubt, was nicht explizit verboten
ist. In der Bundesrepublik ist alles verboten, was nicht explizit erlaubt ist. In Italien ist alles erlaubt, insbesondere
das, was explizit verboten ist. In der DDR ist alles verboten, insbesondere das, was explizit erlaubt ist.

+++ November 1986: Die Volkskammer beschließt den Fünfjahrplan 1986–1990. An-
stelle geplanter Exportüberschüsse muss
zunehmend importiert werden. +++

In der Pause einer ZK-Sitzung sitzt Wirtschaftsminister
Mittag über einem Stapel Papiere, schüttelt den Kopf und
murmelt vor sich hin: »Ich versteh den Plan nicht.« Honecker geht auf ihn zu und fragt: »Was ist los, Günter, was
plagt dich?« – »Ich versteh den Plan nicht.« Honecker:
»Kein Problem, den kann ich dir erklären.« Mittag: »Un-
fug, Erich, erklären kann ich ihn selber, aber ich versteh
den Plan nicht.«

+++ September 1987: Honecker reist nach
Bonn und trifft Bundeskanzler Kohl +++

Kohl brüstet sich damit, dass er nur kluge Leute um sich
habe. Honecker glaubt ihm nicht. Um seine Aussage zu
beweisen, fragt Kohl bei Tisch Genscher: »Es ist nicht
mein Bruder und nicht meine Schwester und trotzdem
das Kind meiner Eltern. Wer ist das?« Genscher sagt sofort: »Du natürlich.« Das imponiert Honecker. Zurück-
gekehrt versucht er den gleichen Test mit Stoph. »Es ist
nicht mein Bruder und nicht meine Schwester und trotzdem das Kind meiner Eltern. Wer ist das?« Stoph denkt
nach und schlägt dann vor, Mielke diese Frage vorzule-
gen. Mielke überlegt lange, dann erhellt sich seine Miene.
»Das bist du, Erich!« – »Unsinn«, sagt Honecker, »das ist
Helmut Kohl.«

Unter welcher Parole kämpften die römischen Sklaven?
Es lebe der Feudalismus, die lichte Zukunft der Mensch-
heit!

+++ Januar 1988: Gorbatschow kündigt
einseitige Abrüstungsschritte an +++

Der liebe Gott ruft Reagan, Gorbatschow und Honecker
zu sich und eröffnet ihnen, dass in sieben Tagen die Welt
untergeht. Reagan kehrt nach Washington zurück und
hält eine Ansprache an die Nation: »Ich habe eine gute
und eine schlechte Nachricht. Die gute: Ich habe mit Gott
gesprochen. Die schlechte: In sieben Tagen geht die Welt
unter.« Gorbatschow kehrt nach Moskau zurück und be-
ruft den Obersten Sowjet ein: »Ich habe zwei schlechte
Nachrichten. Erstens, diesen lieben Gott gibt es doch.
Zweitens, in sieben Tagen geht die Welt unter.« Honecker
ruft den Ministerrat zusammen und erklärt: »Genossen,
ich habe zwei Nachrichten. Erstens: Gott hat die DDR
anerkannt. Zweitens: In sieben Tagen hat der Spuk von
Glasnost und Perestroika ein Ende.«

+++ Oktober 1988: In Eisenach beginnt
die Serienfertigung des Wartburg 1.3 mit
VW-Motor +++

Wie fühlt sich ein VW-Motor im Wartburg?
Wie ein Herzschrittmacher in einer Mumie.

+++ Januar 1989: Honecker sagt in einem Interview, die Mauer werde „auch in hundert Jahren noch stehen" +++

Ein Mann sitzt mit einem Fernglas auf der Mauer und sieht nach Westen. Tritt ein Westberliner an ihn heran. »Was machen Sie denn da?« – »Ich habe den Auftrag, den Untergang des Kapitalismus zu beobachten.« – »So, so, und was kriegen Sie dafür?« – »300 Mark.« – »Das ist nicht viel.« – »Na sicher, dafür ist es eine Lebensstellung.«

+++ Mai 1989: Kommunalwahlen. In Leipzig demonstrieren rund 1000 Menschen gegen Wahlfälschungen +++

Das Neue Deutschland meldet: »Letzte Nacht frecher Einbruch im Innenministerium!« Honecker ruft Mielke an: »Wurde was Wichtiges gestohlen?« – »Halb so wild. Nur die Wahlergebnisse für die nächsten 30 Jahre …«

+++ Juni 1989: Das Politbüro beschließt die Bewerbung Leipzigs für die Olympischen Spiele 2004 +++

Eine Sportlerin zeigt ihrer Oma auf dem Globus, wo sie überall schon gewesen ist. »Guck mal, Oma, hier ist Afrika. Und hier ist Asien. Und auch hier war ich schon, hier ist Amerika.« Fragt die Oma: »Und wo liegt die DDR?« Die Enkeltochter zeigt es ihr: »Da, siehst du, der klitzekleine Punkt hier, das ist die DDR.« Ungläubig schüttelt die Oma den Kopf: »Du, ob das der Honecker weiß?«

+++ August 1989: Die Ständige Vertretung der BRD in Ostberlin und die deutsche Botschaft in Budapest schließen, weil sie von ausreisewilligen DDR-Bürgern besetzt sind +++

Honecker sieht auf dem Alex eine Menschenschlange und denkt: »Stellst dich mal an und schaust, was es gibt.« Da dreht sich der vor ihm Stehende um, stutzt kurz und geht. Nach ein paar Minuten passiert mit dem nächsten Vordermann das gleiche. So geht das eine Weile. Schließlich fragt Honecker den nächsten, der sich umdreht: »Sag mal, wonach steht ihr hier an?« – »Nach Ausreiseanträgen, aber wenn du auch einen willst, brauchen wir ja keinen.«

+++ September 1989: Ungarn öffnet seine Grenzen; innerhalb von drei Tagen fliehen 15000 DDR-Bürger in den Westen +++

Honecker kommt frühmorgens in sein Büro, öffnet das Fenster, sieht die Sonne und sagt: »Guten Morgen, liebe Sonne.« Die Sonne erwidert: »Guten Morgen, lieber Staatsratsvorsitzender, ich wünsche Ihnen einen erholsamen Tag.« – »Das ist aber freundlich von dir«, sagt Honecker. Er setzt sich an seinen Schreibtisch. Zu Mittag tritt er ans Fenster und sagt: »Guten Tag, liebe Sonne.« Die Sonne erwidert: »Guten Tag, lieber Erich.« Am Abend geht Honecker noch einmal zum Fenster und sagt: »Vielen Dank, liebe Sonne, ich hatte einen angenehmen Tag.« – »Ach Mann!«, sagt die Sonne, »leck mich … jetzt bin ich im Westen.«

Honecker, Stoph und Mielke besuchen einen Kindergarten. Die Leiterin klagt: »Das Dach ist undicht, Spielzeug fehlt, und die Heizung leckt auch. Vielleicht könnte man was machen?« – »Ach«, sagt Honecker, »das geht schon noch.« Nächste Station ist ein Gefängnis. »Wir fordern«, sagen die Häftlinge, »Farbfernseher und Dusche in jeder Zelle. Tennisplatz und Fitnessraum …« – »Ja«, sagt Honecker, »ich werde alles veranlassen.« Stoph und Mielke sind perplex. Draußen sagen sie: »Erich, hast du dich vertan? Das kostet doch Millionen! Und für die Kinder willst du nichts tun?« – »Na, meint ihr denn, wenn es einmal anders kommt, werden wir im Kindergarten eingesperrt?«

+++ Oktober 1989: Rücktritt Erich Honeckers +++ November 1989: Rücktritt der Regierung +++

Nach Erichs Rücktritt müssen die Honeckers aus Wandlitz nach Marzahn umziehen. Vor dem Umzug geht Margot noch einmal in die Wandlitzer Kaufhalle und kauft ein. Nach einer Woche ist der Kühlschrank in der neuen Wohnung leer. Margot geht einkaufen und kommt mit fast leerem Netz zurück. »Stell dir vor, Erich«, schimpft sie, »kein Filet, kein Räucheraal, keine Mangos, nicht einmal Bananen und Kiwis gab es!« Darauf Honecker: »Siehst du, kaum bin ich eine Woche nicht mehr im Amt, da gibt es schon nichts mehr zu kaufen.«

... UND TSCHÜSS!

Es waren schlimme Zeiten – damals im Osten. Bis zum November 1989 gab es in der DDR nichts, gar nichts. Mühsam hielt man sich und seine Familie über Wasser. Aber vor allem hatte man nichts zu lachen. Für einen Scherz wie: Es lebe der Fernsehturm mit Walter Ulbricht an der Spitze! wurde man zum Schneeschippen geschickt. Nach Sibirien, versteht sich. Die Stimmung der Leute war mies. Das Fass zum Überlaufen aber brachten die großen weißen Zähne des neuen DDR-Chefs Egon Krenz. Warum konnte der sich sowas leisten? Mit Plakaten von Krenz als bösem Wolf zogen die Menschen durch das Land. Was durch diesen Protest dann am 9. November 1989 passierte, ist hinlänglich bekannt. Das Volk hatte wieder genug zum Essen und konnte befreit lachen. Tagelang lagen sich wildfremde Menschen mit Freudentränen in den Armen. Wahnsinn! Witze wurden erzählt über die da oben, die alten Götter, über ihre Privilegien in den Lustschlössern von Wandlitz. Angekommen im gelobten Land, floss das Freibier in Strömen. Und mit den ersten Geldgeschenken konnte man sich viele bunte Glasperlen kaufen. Aber die freie Wahl zwischen 678 Sorten Joghurt oder Klopapier war unerwartet anstrengend. Kurzum: die Leute waren ausreichend beschäftigt. Und so vergaßen sie den guten Rat eines russischen Philosophen: Wer zu früh lacht, den bestraft das Leben! Gerade hatten die Menschen noch herzlich über die Liebeserklärung dieses kleinen Dicken in der Volkskammer gelacht. Denn man wusste, dass Lügen kurze Beine haben. Aber als einer der neuen Götter von blühenden Landschaften sprach, war die Freude groß, nur wenige schöpften Verdacht. Das war auch schwer zu durchschauen, denn Erich Mielke war mit Hut nur 98 Zentimeter groß, Helmut Kohl aber mindestens zwei Meter größer. Als später die neuen Götter ihre himmlischen Heerscharen, die sich Treuhänder nannten, in die Ostgebiete schickten, waren die Würfel schon gefallen. Die Herren mit den weißen Westen hatten aber nicht immer leichtes Spiel. Manch volkseigenes Kombinat ging nicht für ein Butterbrot über den Tisch. Da musste man schon noch einen Appel und ein Ei dazulegen. Und über Nacht, am 3. Oktober 1990, war dann die DDR ganz verschwunden. Nach der Vereinigung kam die Verzweinigung. Aus den Brüdern und Schwestern im Osten wurden Ossis, aus den Bundesbürgern »Wessis«, dann kamen die Zusätze »Jammer-Ossi« und »Besser-Wessi« hinzu. Sagte der Ossi zum Wessi: »Du hast dein Versprechen gebrochen!«, erwiderte der: »Macht nichts, du kriegst ein neues.« Sagte der Ossi: »Wir sind ein Volk«, sagte der Wessi: »Wir auch!« Doch Streit und Trauer sind unangebracht, die drei größten Errungenschaften des Sozialismus blieben dem Volk: der grüne Pfeil, das Sandmännchen und – Angela Merkel. Einfach Wahnsinn!

ISBN 978-3-359-01719-6

ISBN 978-3-359-01720-2

ISBN 978-3-359-01721-9

ISBN 978-3-359-01718-9

ISBN 978-3-359-01346-4

ISBN 978-3-359-01331-0

ISBN 978-3-359-01399-0

ISBN 978-3-359-01398-3

ISBN 978-3-359-01165-1

www.eulenspiegel.com

ISBN 978-3-359-01347-1   ISBN 978-3-359-01330-3   ISBN 978-3-359-01366-2

ISBN 978-3-359-01365-5   ISBN 978-3-359-01377-8   ISBN 978-3-359-01378-5

Quickies je Band:
64 Seiten, zweifarbig,
brosch., mit Abb.,
4,99 €

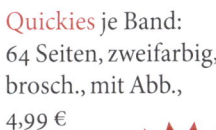

Bücher
für jede
Gelegenheit

Eulenspiegel Verlag – eine Marke der
Eulenspiegel Verlagsgruppe Buchverlage

ISBN 978-3-359-01166-8

1. Auflage 2019
© Eulenspiegel Verlagsgruppe Buchverlage GmbH, Berlin
Umschlaggestaltung: Verlag, Karoline Grunske,
unter Verwendung von Cartoons von Mario Lars
Printed in EU

www.eulenspiegel.com